1日1つ、読んでおけばちょっと安心!

ビジネスマン超入門 365

文 **林雄司** デイリーポータルZ 編集長

絵 **ヨシタケシンスケ**

JN093703

太田出版

はじめに

こんにちは！

たくさんあるビジネス書のなかでもよりによってこの本を手に取った意識激低なみなさん！お待ちしておりました！

大丈夫、難しいことはひとつも書いてありません。でもきっと役に立ちます。

林雄司と申します。この本の文章部分を担当しています。

大学を出て30年、4つの会社で会社員を続けてきました。

「ビジネスカジュアル」の意味が分からずに研修にパーカーで行ったり、会社支給の携帯電話を尻ポケットにいれて折ってしまい、「再発防止策：尻ポケットに入れない」と書いた始末書を書いたこともありました。

そうして得た会社員としての振る舞い、知識をまとめた
本です。
研修では教えてくれないし、ビジネス書にも書かれた
こともない、でもビジネスマンとして暮らしていくには
大事な知恵の数々です。
しかも全ての知恵にヨシタケシンスケさんのイラストが
ついています。
大人がまじめに働いているのに結果としておかしいこと
になっている〝ビジネス〟を見事にイラストにしてくれ
ました。

この本片手に会社とうまく付き合ってもらえたら幸いで
す。

目　次

へ〜
ここがビジネスマンの世界か〜

4月

April

4月　1日　　　曜日

新年度だ！と張り切ってみても

やることは昨日と変わらない。

4月1日は会社員の正月、
なんて盛り上がってみるが
午後には忘れてる。

4月　2日　　　曜日

大きな会議室はしばらく新人研修で

使えない。

スーツを着慣れてない
若者たちが
ロールプレイをしている。

会社の飲み会は無礼講ではない。

「今日は無礼講だ」と言う
上司はいないし、
無礼講なわけがない。

うまくいかなかった理由はだいたい

コミュニケーション不足と言っておけば

格好がつく。

あらゆる失敗の報告書に使える
マジックワード

「勉強になります!」は どんなときでも 使える

スーパー返事

ミスを指摘されたとき、
ほめられたとき、自慢されたとき、
なんでもいける。

会議室にある大きなモニターにパソコンを

つないで映像が出るまでの沈黙

沈黙に耐えきれず
「休みの日なにやってるの?」
などと聞かなくて良い

4月 7日　　　曜日

親知らずの話はもりあがる。

好きな味噌汁の具でも。

親知らずは痛かった自慢を
したいものである。

4月 8日　　　曜日

画面共有したブラウザの広告で ふだんの

行動がばれる

全身タイツの広告
ばかりの人がいた。

4月　9日　　　曜日

共有したブラウザの履歴にアダルト

サイトがあっても見て見ぬフリをする。

URLを入れようとしたときに
過去に訪れたサイトが
出てしまう。

4月　10日　　　曜日

年度を越えた領収書は紙くず

潔く捨てよう

4月　11日　　　　曜日

ホワイトボード用マーカーはたいてい出ない。

赤いペンしか出るのがなくて、
真っ赤になった議事メモを見かける。

4月　12日　　　　曜日

もうやめた新人がいるらしいと話題になるころ。

驚きと少しの羨ましさをもって
語られる。

4月 13日　　　　曜日

会社で音が出るお菓子は食べない。

フエラムネもだめ。

なんかずっと食べてる人が
会社にはいる。
せんべいならぬれ煎餅にしよう。

4月 14日　　　　曜日

偉い人は突然いなくなる。あなたに嫌味を

言う上司もすぐにいなくなる。

馬が合わなかった人でも
直属の上司でなくなれば
楽しく談笑できる。

4月　15日　　　曜日

上司は相談されると嬉しい生き物。

多少無理なことでも頼む。

上司同士「頼まれちゃったよ〜」と
嬉しそうに話しています。

4月　16日　　　曜日

5面の筆箱を会社で使わない。

商談の話題になる可能性もあるが、
ダメージになる可能性もある。

休憩コーナーで寝ころがってMacbookを叩いているとできるエンジニアのように見れる

シリコンバレーの会社を
訪問したら
いきなり玄関のソファで
寝ながら
仕事している人がいた

ずっと中期計画を作ってる人がいる

中期計画、見直し、第2次見直し、
など終わりなく更新され続けている。

4月 19日　　　曜日

用語：オーソライズ

ホワイトボードに自分の都合のよい意見だけ
書いて、議事録にして送ること

ホワイトボードを制することは
会議を制すること。
都合のいいように板書しよう。

オーソライザー

4月 20日　　　曜日

4月1日入社だと、このへんで人の見分けが
つくようになってくる

なんで最初は
この人とこの人同じだと思ったんだろう、
と思うぐらい顔が違うことに気づく。

山元　　山本

4月 21日　　　曜日

偉い人をさん付けで呼んで関係の近さを
アピール

いちど同じ会議に出たぐらいの関係でも、
「～さん、うるさいからな～」
などと言っていこう

4月 22日　　　曜日

ファシリテーションは「ファシる」、サマリーを
伝えるは「サマる」。ソフトモヒカンの会社員
が言いがち。

リクルートの
社員のイメージです。

4月　23日　　　曜日

ドラマのように残業時間に自分の席だけ

明かりがついて、まわりが暗くなることはない。

会社の電気は
ピンポイントで
つけたり消したりできない

4月　24日　　　曜日

離れた席の人がみかんをむいただけで

わかる

カップラーメンを
食べていてもわかる。
残業中のカップラーメンの
匂いは暴力。

4月 25日　　　　曜日

ときにホワイトボードを遠くから眺めてみる

状況を俯瞰しているように見える。
俯瞰しているのはホワイトボードなのだが。

4月 26日　　　　曜日

ネットサーフィンでもモニターを指さすと
何かを検証しているように見える

もう片方の手をあごに
当てていれば
UFO動画を見ていても
資料を見ている
ように見えるぞ。

4月 27日　　　曜日

リモート会議のバーチャル背景をふざけた

のにすると、次の堅い会議でもそれになる

サル山やオムライスの背景で
役員会議に登場しよう

4月 28日　　　曜日

ミュートでしゃべっている人にジェスチャーで

気付かせるのはミニゲーム

口を手にやったり、
耳に手を当てたり、
気づけば
見ざる聞かざる
言わざるのようになる時間

4月 29日　　　曜日

ゴールデンウイークが暦通りの人どうしで
意気投合する

9連休だそうですよ！へえぇ！
うらやましいですな！と
悪盛り上がりする

4月 30日　　　曜日

新規事業発掘プロジェクトは キックオフ
ミーティングを開いて満足

凝ったプロジェクト名が
ついていたりする

5月

May

なんでも聞けるやさしい人事の人を
見つけておく。

積立休暇や中抜けなど
便利な制度がある。
裏技を聞いておこう。

「がんばります」じゃなくて「PDCA回して
いきます」と言う

最近はOODAループというのもあるが、
煙に巻くために覚えておく

5月 3日 曜日

ホワイトボードをメモのためにスマホで撮って

間違えてインスタに上げそうになる

ランチの写真をアップしようとして
機密事項をアップ

5月 4日 曜日

「江戸時代なら代官だな!」って

仮定でほめられたら要注意.

仮定だったらどうとでも言える。
褒めるところがなかったのかもしれない。

会社から支給されたiPhoneにパズドラを
インストールしない。

ばれます

休み明けはためらわずにお菓子を配ろう

ためらうと配るタイミングを失って
夕方になってしまうぞ。

5月 7日　　　曜日

ゴールデンウィーク明けに先延ばしした

仕事が思い出せない。

どのファイルが最新版かも
わからない

5月 8日　　　曜日

大人でも服をほめられると嬉しい。

どんどんほめていこう。

「赤ですね」「チェックですね」など
見たままを言えば良い

5月　9日　　　曜日

弁当の食べ残しはきちんと捨てないと

におう。

給湯室が変なにおいになる

5月　10日　　　曜日

「スパムフォルダに入ってまして」は言い訳なので

つっこまないでおこう。

自分がいつかこの言い訳を
するときのために

5月 11日　　　曜日

領収書をもらうときは名刺を出して。

社名が違うと経費にならない。

財布に領収書もらう用の名刺を
1枚入れておくといいよ

5月 12日　　　曜日

興味ないことにコメントしなければならないときは

「好きな人にはたまらないですね」

私は好きじゃないということを
アピール

5月 13日　　　曜日

サビ推、営開など 部署名を略して

一体感を出す。

宇宙システム開発という部署の略称が
「ウシカイ」だった

5月 14日　　　曜日

半沢直樹のようなことはない。社長派も

専務派もない。

大人は面と向かって罵倒したりしない。
ただ、あとからあれ皮肉だったのかな〜
と思うことはある

5月　15日　　　曜日

ホワイトボードに油性マジックで書いた跡は

どこの会社の会議室にもある。

ホワイトボードになってない
ただの壁に書いてしまうこともある。

あー。
御社のもイイですね!

5月　16日　　　曜日

傾聴しようとしている上司がきもい。

人の話をきちんと聞くことを傾聴と呼び、
ビジネス書界隈で流行中。
話しているとねっとりした目で
見つめられる

5月　17日　　　曜日

見積書の宛先の会社名が長いと

印刷したときに切れる

セルに収まらない長い会社名は
印刷すると切れている

5月　18日　　　曜日

相談役に恋愛相談しない。

いちど頼んでみるのも
いいかもしれない

5月　19日　　　　曜日

リモートワークしすぎて会社のフロアを

間違える。

会社がない！つぶれた！？
と軽くパニックになる

5月　20日　　　　曜日

同僚がプライベートの電話に出るときの声の違い

にほっとする

席を外しながら
聞いたことのないような
甘い声で電話に出ている

5月 21日　　　曜日

どこかに直行したことにするときは、

辻褄あわせのため行き先をメモしておく

直行ばかりしているとあとで
人事が突っ込んでくる。
すらすら答えられるようにしておこう。

5月 22日　　　曜日

話が分からなくなったら、相手の言葉を

くりかえす。

分かってなくても
堂々と目を見て相手の言葉を繰り返す。
これでなんとかなる。

ハイ。

FLSのジョーキゥ。

仕事でLINEを使うときは、無難なスタンプで

無料スタンプで失礼します、
と書いてみるのもよし

○○組とか○○軍団などヤンキー的な名前が

ついている部署がある

日本人は放っておくと
すぐにヤンキーになる

5月　25日　　　曜日

転職してきた人は 皆 ブラック企業体験を

している。

どんなひどい目にあってきたかを
聞くだけで飲み会が盛り上がる

5月　26日　　　曜日

サービスイン・カットオーバー・ローンチ・リリース

全て同じ意味

製品やサービス、サイトを世に出すこと。
これで終わりじゃなくて地獄の始まり

社長秘書はドラマだとセクシーだけど

本物は気さく。

調整がすべてみたいな仕事なので、
とにかく感じが良い。

ゲスト用wifiのパスワードが1234の会社は

親しみやすい

自分の会社だと不安になるが、
よその会社だと分かりやすくて良い

5月 29日　　　曜日

名刺をもらったとき名前を復唱して覚えている

ように見せて、覚えない

できるビジネスマンは
復唱して覚えるらしい。
無理なのでまねだけしよう。

ハルアキさん。

5月 30日　　　曜日

ホワイトボードに書いてその上にポストイットを

貼る。クリエイティブな雰囲気のできあがり。

ふせんだらけの
ホワイトボードの写真を
シェアしてフィニッシュ

5月　31日　　　曜日

「こんど飲みましょう」はただの挨拶なので

スケジューリングしなくてよい。

「儲かりまっか」「ぼちぼちでんな」
ぐらいの合言葉。特に意味はない。

　　　　月　　　日　　　曜日

たぶん世の中こうなってる！役職早見表

よくある会社	官公庁
社長	大臣・知事
	事務次官・副大臣・長官
役員	局長・政務官・官房長
（執行役員）	
事業部長	部長・審議官
	〜部屋がつく〜
部長 ←次長が	課長・参事官
次長 ここのことも	室長・企画官
部長代理	課長（室長）補佐
課長	係長
課長補佐	
課長心得 ←レア	
リーダー	主任　独特で
主任	主事　よくわからない
	主幹　エリア
担当	係員

外資	銀行	カラオケで言うと
本国の本社	頭取	シダックス
		パセラ
支社長	部長	ビッグエコー
なんとかディレクター	支店長	ジョイサウンド
パートナー		
		カラオケ館
ヴァイスプレジデント		
シニアマネージャー		
(シニアヴァイスプレジデントが		
いることも)		歌広場
マネージャー		まねき猫
		banban
役職インフレ ←		
アシスタントマネージャー	調査役	
	支店長代理	
アカウントマネージャー		鼻歌
アカウントエグゼクティブ		
↑		
えらくない!		

海の生き物にたとえればわかる!

懲戒処分一覧

レベル1. 厳重注意＝熱い砂

人事に呼び出されて口頭で叱られる。
海で言ったら熱い砂ぐらい。気をつけよう。

レベル2. 戒告・譴責・訓告＝カニ

酷く叱られるが給料には直接響かない。
痛いけど怪我はしない。

レベル3. 減給＝ウニ

給料が減らされる。痛いし血が出るし後を引く。

レベル4. 出勤停止＝クラゲ

行きたくない会社だけど、来るなと言われると不安になる。
給料も減る。クラゲにさされたと思って家で安静にしておこう。

レベル5. 降格＝離岸流

部長が課長になってとても気まずい。
慌てずにやばい流れから離れよう。

レベル6. 諭旨免職＝ヒョウモンダコ

退職金はもらえるが解雇。
交通費ごまかしたなどお金がらみはこれになる。

レベル7. 懲戒解雇＝サメ

退職金もなしの一発退場。
横領、備品を売るなど
誰もが納得のやらかしの場合。
サメぐらい強い。

6月

June

6月 1日 曜日

やりたくない仕事はコンプライアンスと

リソース不足のせいにする

自分としては賛成だけど、
上司や会社のせいで
できないというスタンスに。

6月 2日 曜日

会社の電話に「○○でごじゃいます」と言って

出てしまう。

新人時代は誰もがいちどはやる

6月 3日 曜日

早朝にメールを送って相手をびびら

せる（予約送信）

タイトな締切を設定されたときは
これで大変さを伝える

6月 4日 曜日

「〜をやります」だと子どもっぽいので

「〜の計画と実行、および事後の効果測定

を行う」にしておく

成果報告や計画をたてるときは
漢字をたくさん使ってもっともらしく

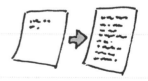

会社の冷蔵庫に入れるペットボトルには

名前を書いておこう

書かないと勝手に捨てられる

変な肩書きを自分につけない

「好奇心担当」みたいなことを書くと
名刺交換のときに恥ずかしい目で見られる

しりとりで間をあけてくっつけると企画っぽく

なる。りんご、ゴリラ、ラッパ → りんご型のラッパ

急にアイディアを求められたときは
脳内でしりとりをする

ゴリラ型 パイナップル

広告換算費は嫌いな人がいる

成果が分かりにくいことは
広告換算費でごまかすが、
ごまかしていることに気づいた人が怒る

6 月　　9 日　　　　曜日

ビデオ会議にスーツで出て 相手を

ひるませる。

スーツにネクタイで
ビデオ会議に臨む。
家族もびっくりする。

6 月　　10 日　　　　曜日

「ブロックチェーン技術やＡＩで活用」って

とりあえず言っておく。

もちろん分かってない。

6月 11日　　　曜日

アイスブレイクのための雑談でいきなり

犬のうんこ踏んだ話 とかしない。

雑談だからといって本気を出さない。
天気の話にしておこう。

6月 12日　　　曜日

社長室でパターゴルフをする社長は 想像上の

生き物

でも、ゴマすりの中間管理職は、
実在する

ネイルをしている
受付嬢はいる（いた）

「それは〇〇さんが詳しいと思います」

と言って人に振る

「それは〇〇さんの専門分野ですね！」
とおだてながらふるとベター

せっかく辻褄あわせた予算を提出直前で

数字を変えて破綻

交際費を慌てて入れて予算オーバー

6月 15日　　　曜日

オフィスグリコをただで食べない

「オフィスグリコを勝手に食べないように」
という通達が総務部から出る

6月 16日　　　曜日

よその会社のかっこいい提案書、見積書
は真似するために保存

「かっこいい他社資料」という
フォルダを作って保存しておく

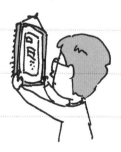

ビジネス書は努力、友情、勝利

サラリーマンにとってのジャンプ漫画

努力であっさり成果が出るのもまんが的。

会社の保養所はすごくいいか、すごく悪いかの

どちらか

すごくいい施設だけど
お土産屋で売られている会社の
ロゴ入りグッズを見てなえる

6月 19日 　　　曜日

リサーチということで本屋に行く

ショッピングモールをうろうろしたり、
スタバでコーヒーを飲むのもリサーチ

リサーチ中。

6月 20日 　　　曜日

ブラインドをむりやりあけようとして

グチャグチャにする

少しねじれているのを
強引に開けようとして
ぐっちゃぐちゃに

6月 21日　　曜日

会社に持っていくお菓子は配られるので

自分であんこを詰めるモナカとか選ばない。

机の上においておける
個包装のものがベスト

6月 22日　　曜日

最初のボーナスはケーキをホールで

買う

カレー用の大きなスプーンで
切らずに食べるのだ

6月 23日　　　曜日

漠然と大きい質問をすると思慮深く見える。

"AIの次はどうなるんだろう。"

将来のことを見据えているぞ。
暇じゃないんだアピール。

6月 24日　　　曜日

私物のハサミには名前を書いておく

書いておかないと総務が回収して
共用文房具引き出しに入れられる

6月　25日　　　曜日

打ちあわせの相手が多いともらった名刺が

七並べ状態に。

もらった名刺はテーブルの上に
席順に並べることになっているが、
8人以上だとカードゲームのように

6月　26日　　　曜日

会社はもうかると自動販売機をタダにする。

税金対策になるらしい

6月　27日　　　　曜日

プロジェクトが始まるとスケジュール表を

作ってそのあと忘れる

スケジュール表だけなら
どんな無理なスケジュールでも
作れるのが盲点

6月　28日　　　　曜日

交通費をごまかすのだけはやめておけ。

クビになるぞ。

経費関係のごまかしは
かなりタブー

6月　29日　　　曜日

パワポに動画を貼っても別のPCで

動かない。

動かなくてプレゼン中に
ニヤニヤしながら焦ることになる

6月　30日　　　曜日

フリーアドレスの会社でも席は固定されて

ゆく

学食の席が決まっていくのと同じ

7月

July

7月　1日　　　曜日

リモートの会議では大きく頷く

求められるスキルが
ワイプの中の芸能人になっている

7月　2日　　　曜日

会社に届いた胡蝶蘭は総務に言えば

もらえる

電車ででっかい蘭を抱えて帰ろう

7月 3日　　曜日

関係ないかもしれないんですが、で本当に 関係ないことを言ってみよう

言い訳しておいて
芯食ったことを言うのは卑怯。
「やきとりはタレ派?塩派?」
ぐらい関係ないことを言おう

7月 4日　　曜日

自分の席だけ寒い場合は空調の出口を ふさぐ

クリアファイルを
養生テープで貼ると
ちょうどいいぞ

会議資料を立ちあがって指さしてみる。

やる気があるように見える。

モニターを使う場合でも
紙の資料でも、
とりあえず立って説明

朝食ミーティングのあとに熟睡

早起きして満腹になって
寝ない人なんていない

シュレッダーは自分の番でいっぱいになる

人が交換している私は見えないから、
自分だけ交換しているような気がする。
トイレットペーパーと同じ。

歓送迎会は全員が辛い

送るほうも送られるほうも
ただ面倒。

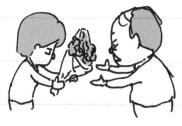

7 月　9 日　　　曜日

「辞めようかなー」と言ってる人は辞めずに 意外な人が辞める

「辞めたい」と
言わなくなってからが
カウントダウン

7 月　10 日　　　曜日

昼、どうしようもなく眠いときは、会議室で

次の会議の人に
見つけられないように
目覚ましをかけておく

とりあえずエクセルは条件つきセルに

しておく

見たことない機能を使おう

飲みながらアイディアは出ない

飲みながら考えるつもりが
酒に夢中になっている

15時まで、とか決めることを先に宣言すると

仕事ができる雰囲気になる

会議を時間で区切るのが
流行りました。

会社で仲良くするのは上司ではなく人事と経理

こまったときに助けになるのは
その2つの部署

7月 15日　　曜日

資料を作らないことをペーパーレスと

言い張る

ドキュメントレスと
ペーパーレスは違うけど、
混同しておこう。

7月 16日　　曜日

根回しを間違えて根絶やしと言わない

根回しは裏議の前に話をしておくこと、
根絶やしは御家断絶

7月　17日　　　曜日

公開カレンダーにはダミーの予定を入れて

おく

空いてると
予定を入れられてしまうので

7月　18日　　　曜日

メールのCCに関係者を全員入れておいても

誰も見てない。

そうやって責任を分散して
自分ひとりのせいじゃ
なくしておく

7月 19日　　　曜日

デスクで手書きでノートをとっていると 思慮深く

見える

A3の方眼紙など大きな紙だと
一層効果的。
カレンダーの裏紙では
ないほうがいい

7月 20日　　　曜日

根拠なくけなしたいときは「仕事への愛がない」

と言っておく

逆に自分が
そう言われたときは
スルーしてよい

7月 21日 　　曜日

長髪金髪など最初のイメージが悪いと

普通に見積書送っただけで評価される

不良少年が子犬を拾うパターン

7月 22日 　　曜日

変わったメガネをかけているとアイディアマンと

思われて期待感があがる

派手髪や派手シャツよりも、
変わったメガネのほうが
アイディアマンっぽい

7月 23日　　　曜日

ダイエットで急にやせた上司はむしろ

不健康っぽい

中年が急に痩せると
病気かと思ってしまう。

7月 24日　　　曜日

2週間休みをとっても会社はなくならない

堂々と長期休暇を取ろう

7月 25日 曜日

打ちあわせの相手をフルネームで呼ぶと

新鮮

「そうですよね。田中賢治さん」。
言われた方ははっとする。

7月 26日 曜日

話が分からなくなったら相手の目を見る

目をそらすと分かってないのが
バレてしまうから攻めの姿勢で。

小生、小職：一人称でこれを使う人物には

要注意

小職が適任かと存じます、
と書いてくるおっさんは
ろくな人がいない

なるはや、ASAP、可及的速やか…

「いますぐ」を表す語は会社によってまちまち

要は忘れてたんで
すぐやります、って意味

デザイン会社は意外に体育会的な上下関係

映像制作、デザイン、クリエイティブ職は
マニュアル化が進んでないのでこうなる

急いで出なければならないときに限って

Windowsアップデートが始まる

思い切って電源を切ろう。
予想通りにおかしくなるよ。

7月 31日　　　曜日

地名を聞いたら「あのへんも変わりましたよね」

でだいたい合ってる。

変わってない場所なんてないから。

石原壮一郎さんに
教えてもらいました。

月　　　日　　　曜日

バナナボートの上座と下座

一般的に上座の条件は、出口から遠いこと、安全であること、景色が良いことです。
会議室では奥の席、エレベーターでは奥の列の左側、タクシーでは運転席の後ろが上座になります。

では、バナナボートの場合はどこが上座となるでしょうか。
あなたが将来リゾート開発の仕事をすることになり、取引先の偉い人とバナナボートに乗ることだってあるかもしれません。

奥という点では一番後ろの席が上座ですが、一番後ろは最も振り落とされる席であり、安全性という点では条件を満たしません。
また、一番後ろの席は前の人すべてのよだれが混ざった水しぶきを浴びることになるのも上座にふさわしくない。

安全性、景色、よだれを勘案して、バナナボートの上座は一番前、ということにします。

VIPにバナナボートの上席をスマートに案内して出世してください。

バナナボートの上席については作家・和田裕美さんにご協力いただきました。

8月

August

なぜかン冷蔵庫に入っているビールは

飲んでも分からない

懇親会のあまりである。飲んじゃえ

来客用のお茶は勝手に飲むとバレる

管理部が在庫数を記録していることがある。
ほかにやることあるだろ。

楽楽精算、奉行クラウド、社内システムの

名前は よく考えると、変

おかしい名前に慣れて
普通にその名前で呼ぶようになる

好きではないことをほめなければいけないときは

「それは興味深いですね」

どんな話題でも使える
最高の返事です。

8 月　5 日　　　曜日

zoom会議はデフォルトの40分で必ず

終わらせよう

延長すると無限に続いてしまう

0 : 37 : 40

8 月　6 日　　　曜日

アベイラブル＝仕事がない。ひま。

例）その日は暇です＝その日はアベイラブルです

暇であることを隠すのは
モテると虚勢をはることに似ている

8月 7日　　曜日

古くさいですねと言わず、「レガシー」と言っておく

レガシーは遺産という意味だが、
最近はいいニュアンスで使われ始めた

8月 8日　　曜日

たまには会社にネクタイを締めていこう。

信頼されるぞ。

駅の自転車置き場の管理人も
ほめてくれた

8月 9日 曜日

役職が上の人ほど食べるのが早い

昇進試験に
ごはんを食べる速度が
あるに違いない

8月 10日 曜日

IDカードをぶら下げたまま帰らない。

たまに電車で
ぶら下げたままの人を見ると
名前を確認してしまう

8月 11日 　　　曜日

「忘れてました！」は「失念してました」と言う

いちばん使うビジネス用語です。
忘れてくださいは「ご放念ください」

失念中↓

8月 12日 　　　曜日

紙詰まりしたコピー機を開くと ものす

ごく熱いところがある

あれびっくりするよね

ルールはレギュレーション、ログはビックデータ、

長いともっともらしい

表計算ソフトは
スプレッドシートと呼ばれ、
そのあと「スプシ」
と略され始めた

アクティブ・
セルフ・ブレイク
（サボること）

「可及的速やかに着手します」はもっともらしいが

まだ手をつけていないってこと

言い方を工夫してまで
正直に言うところがおかしい

そう
だ,た…

考課シートの自己評価は最高にして出す

その最高の評価がベースになって
減点されていくので
結果としていい数字になる

トトカルチョの胴元にならない

40年前の職場では
高校野球で賭けてる人がいました

ウェブカメラに鼻の脂をつけると ちょっとした

ぼかしフィルターになる

会議しながら鼻の脂をつけると
鼻のアップを見せることになるので注意

8月　18日　　　曜日

なんにも準備していない会議は「今日は

ペーパーレスでゼロベースのジャストアイディア

歓迎でいきましょう」と宣言する

大声で堂々と言うのがコツ。
ひるんだら負け。

8月 19日　　　曜日

「早朝から海外とテレカンで」言ってみたい

セリフではある

テレカンってなにか
陽気なイベントのことかと思ったら
「テレカンファレンス」、
リモート会議のことだった。

8月 20日　　　曜日

ワンポイントの白いTシャツはビデオ会議だと

肌着に見える

いつもこの人、
肌着だなと思ったら
いいシャツだった

肌着は誰だ！

8 月 21 日　　曜日

休日出勤なので半ズボンで会社に行くと
寒い。

会社でいつも寒いと言っている
社員の気持ちが分かる

8 月 22 日　　曜日

テレワーク導入で会社の回覧制度が破綻

取引先の社長交代のあいさつ状など、
回覧されなくても
何の問題もないことが判明

ちょっと
さみい.

会社の近所の喫茶店で店主と親しくなっても店番はしない

同僚が昼休みが終わっても帰ってこないので
聞いたら店番をしていたとのこと。

共有して下さい＝忘れちゃったんで教えて下さい

デザイナーから上がってきたラフを
関係者に転送するのは「展開します」。

共有してー♡

誕生日の説明で○○と同じです！とひと笑い

とれる人をおさえとこう

釈迦、からあげクン、ジャイアンなど
意外な人物が吉

談志?!

ネットワークプリンタで私用の印刷をしたら

急いでとりに行く

急ぐあまり人の印刷まで
とってきてしまう

知らない会社に入っていってハンコをもらって

きたとか どこの会社にもヤンキー的な伝説が

ある

横領したとかそういう伝説は
あまり広まらない

新幹線で仕事をして調子が出てきたころに

降りる駅につく

弁当を食べる、パソコンを開く、
SNSを見る、仕事始める、
少し寝る、仕事再開、
ここで目的地に着く

8月 29日 曜日

ポストイットは大きいほどクリエイティブに

見える

A2くらいのポストイットまで
存在する

8月 30日 曜日

メールが毎回スパム判定される取引先が いる

ふざけてスパムっぽい題名で
メールを送ったら
そのあとずっと
スパム判定されるように
なったので、
やらないほうがいいよ

8月 31日　　曜日

部長のお茶に雑巾の絞リ汁を入れるのは

都市伝説

いまならインシデントと
呼ばれる事案

伝説に
なってやる!!

　　　月　　　日　　　曜日

今日から使えるビジネス英会話

英語で会議するときの会話を集めました。
英語力ゼロでもこの例文を丸暗記すれば30分はもちます。

●質問されたけど何を言ってるのかわからないとき
It is a good question but it is difficult.
Do you mean ＋相手の言ったことのくりかえし

●とりあえず考えるふりをする
Let me think about it.

●質問の内容は分かったが説明できないので人にふる
Good question! XXX-san will answer this. He knows well! What do you think about it?

●振った人が答えてくれたあと、
　そう、その通り！と言うのを忘れずに
You are right. That's true.

●あー、そうそう。それ言いたかったんだと畳み掛けるように
Oh, I just wanted to say the same thing.

●自分で答えようとして、誰かの助け船を待つとき
How should I say... (誰かが何か言う) You are right!

●素直にもうちょっと簡単に言ってくれない？とお願いするとき
I almost got it. But, in short?

とにかく手ぶりを大きく！

9月

September

9月　1日　　　曜日

ペルソナを考えるのは楽しい。

ペルソナは、製品を作るときに決める
利用者像のこと。
すぐに妄想が入り込んでくる。

9月　2日　　　曜日

会社に一台ぐらい印刷できたりする高いホワイト
ボードがあるがたいてい壊れている

プリンタがついているが
動いているのを見たことがない。

9月　3日　　　曜日

用語：ブラッシュアップ＝誤字を直すこと

どんなにブラッシュアップしてても
本番で誤字に気づく。

9月　4日　　　曜日

会議で盛りあがったアイディアはやってみると そんなに 面白くない。

できっこないことを言い合う
大喜利になっていることが多い。

9月　5日　　　曜日

夜、誰もいないと思って電気を消すと、会議室から「いるぞー！」と声がする

しかもあまり話したことがない
コワモテのひとだったりする

9月　6日　　　曜日

飲みの席でも部長をちゃん付けで呼ばない

部長はおぼえているし、
周りの人もおぼえている。

9月 7日 曜日

V字回復って言いはじめるとやばい

全社集会でなんの根拠もなく
Vの字のグラフが登場したら要注意

9月 8日 曜日

我社のDNAって言い始めるとやばい

すがるものが
なくなってきた証拠

とりあえず
次世代に.

9 月　9 日　　　曜日

役職者は年をとっているので平気で早朝に会議をセッティングする

役員は朝から元気だが、
陪席させられている若手は
どんよりしている

9 月　10 日　　　曜日

稟議書の最後、社長の後に経理担当のハンコがいる。盲点。

トランプの大貧民で
2が一番強いようなもの

真のラスボス

朝礼で話すことがない。

話すことがないので
いまさら自己紹介している人もいた。

ハイ．エー…

そうですネ．エー…
いい天気で。

顧客の立場に立って考えてみよう。否定しようの
ないことを言うと楽

楽だけどそこで
会話が終わってしまう。

…もう
言いわかった…

9月 13日　　　曜日

コネ入社の新人が意外にいいやつだったりする。

裕福な家庭で育った
素直ないい子だったりする。

ハイ!

9月 14日　　　曜日

1日無断で休むと怒られるが、1週間休むと心配

されて皆やさしくなる。

優しくなった上司が
お菓子を持って
家にやってくる。

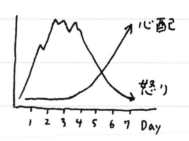

レッドオーシャンを血の池地獄と言ってみる。

地獄のほうが厳しい
マーケットの雰囲気が溢れている。

用語：ファネル = ユーザを囲いこむときに描く

じょうご状の図。じょうろと間違えない。

じょうごとじょうろを間違えて、
植木に水をあげるようなものを
資料に書こう

これは じょうぎ

9月　17日　　　　曜日

都内の移動はレンタサイクルが早い

都心を自転車で移動していると、
ここに出るのか!?という驚きがある

・・・え?!
ハ丈島なの?!

9月　18日　　　　曜日

トンマナ＝だいたいそんな感じ～みたいなやつ。

「ノリ」と訳しても良い　　　　トーン & マナー

9月 19日　　　　曜日

クラブハウス、tiktok、ピンタレスト…。

また短い夢を見させてくれるサービス出てこないかな

ツイッター代替のサービスは
だいたいこれに入る

9月 20日　　　　曜日

エバンジェリスト。魔法使いのような響きがあるが

チノパンをはいたおじさんだったりする。

エバンジェリストは
自社商品の良さを伝える
広報のような立場。
なのでちゃんとしている。

9月 21日　　　曜日

議論がまとまらないときは、議論することが

大事だと言う。

紛糾しても
「こうやって話し合いを続けていこう」
と言えば前向きに収まる

9月 22日　　　曜日

性別・年齢のデータが出てきたら、まずはF1層

と言ってみる。

F1層と言うときに
F1のテレビ中継の
テーマソングが
頭のなかで流れる

F1層：20〜34歳の女性

9月 23日　　曜日

ごついテレビ会議システムがあるが、使いかたが

わからない。

Zoomのような安い仕組みが
登場する前に導入した装置一式

9月 24日　　曜日

悪い人じゃないんだけどねぇと言われる人は

たいてい悪い

ひとつも悪いところがない人には
そんな言い方しない

9月　25日　　　曜日

9時58分 集合とか半端な時間にすると記憶に

残る。

1回だけは有効

・・・・ 58分・・・

何時58分だっけ…?

9月　26日　　　曜日

リモートだと話しにくいから対面で、対面だと時間

があわないからリモートで… このくり返し。

先月もこんな話しなかったっけ?
デジャブのようだが実際に話している

今日は…

どっちだったっけ?

掃除の人と話していると世慣れ感が半端ない。

掃除の人に化けている社長、
ということはなく掃除の人である

パソコンにシールを貼りすぎると恥ずかしい。

シールをまるごと隠せる板を作って
両面テープで貼っておこう

9月 29日　　　曜日

飲み会ではなく、ミートアップ、ビアバッシュ

キックオフ

外資系で懇親会を
ビアバッシュと呼んでいた。
食べるものは当然ピザ

だから言って
やったのサ.

ジョークの
練習中→

9月 30日　　　曜日

用語：アセット＝持ち物のこと。消しゴムとか

ではなく、ビルなどのでかいものを言う

領収書を貼るための棚を
あなたのアセットと言うと
皮肉にしかならない。

オレの
アセット！

10月

October

10月　1日　　　曜日

リモート会議で逆光になって、影の大物

みたいになっている人がいる

ミスターXみたいな雰囲気で
普通のことをいうのでびっくりする

10月　2日　　　曜日

会議中にメモを取って会議終了とともに送る。

内容が間違っていても、早さで驚かせる。

時間がたつと
間違えたものを送りにくいので、
間違うなら早いうちに

ターン！

私用のメールアドレスを genkidayo-n など

勢いでとると、そのアドレスで仕事の連絡を

するとき恥ずかしい

クールな取引先の
中学生みたいなメールアドレスに
どきどきする

この人が…

あのアドレス…?!

リモート会議の背景にあるものには触れて

あげよう。

見せたいものを
背後においているので
触れてあげよう。
カメラとかフィギュアとか

ヨロシク
ですー。

全員野球ではなく、オールスタッフと言う

全員でがんばろうという意味だが、
そもそもなんで
野球に例えていたのかが謎

スタッフー！

野球やろうぜ！

会社の宴会にパーティグッズは鬼門

事業部長がでかい
蝶ネクタイをつけて立っている。
つっこみにくい。

オープンイノベーション、実証実験

宇宙事業ぐらいやばい匂いがする

はりきるといつのまにか
プロジェクトの責任者にさせられる
可能性大

かわいそうに…

トイレで歯磨きをしたら、歯ブラシの水を切る

水を切らないでケースに入れると
くさくなる

チャッ

10月 9日　　　曜日

むかしはAIDMAと言っていたけど、最近は

カスタマジャーニーが流行り。ついに旅になった。

ビジネス用語も流行語なので、
冗談半分で追っていこう

今は
何が

ナウいの
かナ？

10月 10日　　　曜日

つくばあたりの出張がいちばん面倒。

新幹線や飛行機に乗るぐらい遠ければ
テンションもあがるが、
在来線2時間は暇すぎる

10月 11日　　　曜日

用語：ステークホルダー。社内外かかわらず

めんどくさいひと。

事前に話しておかないと拗ねる、
声が大きいなど
子どもとの類似点あり

このままじゃアンタ
ステークホルダーに
なっちゃうわよ!?

10月 12日　　　曜日

コロナ禍中に入社した人の素顔にハッとする

マスク顔しか見たことない
同僚の素顔にハッとする

117

10月 13日　　　曜日

用語：コミット＝関わっていること。会議に出ている

ことも十分コミットしてる。

一切しゃべらなくても、
同じ会議に出ていれば
その件にはコミットしてると言ってOK

オレとコミット
しない？

10月 14日　　　曜日

エクセルのファイル名に「経費2割増版.xls」

と正直に書くと印刷のときに出ることがある

印刷のときにファイル名が出ないように
設定しておこう

会議で話が途絶えたら、目に見えているものを

言ってみる。

人は見せたいものを身に着けているので
それを褒めるとホストが言っていた

服ですね.

台車に乗って遊ばない

すぐに取っ手が曲がる

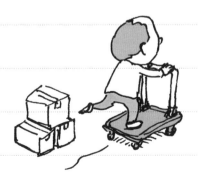

10月 17日　　　曜日

深夜残業していると、誰もいないと思った社内

恋愛中の2人がいちゃつきはじめる。

いることが分かるように
咳払いをたくさんする

ピッ、ピッ
ピ ─────。

10月 18日　　　曜日

パワポよりグーグルスライドを使っているほうが

いけてるように見える

新しいツールが出たら
きっとそっちが
いけてることになる

今日は
新しばいで。

「バズるやつお願いします」は「全打席ホームラン

打て」と同意。

言った方も深く考えてないので
「わっかりました〜」ぐらいで良い

会議の前に「今日は昭和スタイルで行きましょうと

宣言してみる。

ハッとさせることが目的なので
とくに意味はない

…セクハラ
OK,てこと？

10月 21日　　　曜日

パソコンが苦手だと バンカラっぽいが、電話が

苦手だと ひ弱に見える

電話が苦手な人は
しゃべることを紙に書いて
会議室でひとりでかけると良い

10月 22日　　　曜日

外でリモート会議できる場所は結構少ない

歩きながらは意外に良い

「2000万足りない」など
大事そうなことを話しながら
歩いてる人がいた

10月 23日　　　曜日

オンラインセミナーは途中で飽きる。

飽きない人はいない

10月 24日　　　曜日

予約してある会議室にいる人に圧をかけるため

ガラスにぴったり顔をつける。

人には2種類いる、
予約した会議室のまわりで
ウロウロする人と、
予約してない会議室を使う人

10月 25日　　　曜日

新しいWindowsにはソリティアが入ってない。

会社のパソコンでゲームができた
牧歌的な時代もありました

10月 26日　　　曜日

用語：エンゲージメント＝英語では婚約だが

SNSマーケティングではいいねすることだった。軽い

いいねボタンを押しただけで
婚約である

右目が腫れた。歯の詰めものが取れた。

仮病の理由は具体的に。

毒を食らわば皿まで、嘘は念入りに

枕元に
日本兵が立った

アニメ、YouTube、Vtuberに詳しいと 社内で

ご意見番的な ポジションに。

「いまの文化に詳しい若手」
という称号を得て
過ごしやすくなる

解説しましょう!

10月 29日　　曜日

ものになってないものはインキュベーションと

アーリーステージ、投資と呼ぶ。

ものになるまでの図、
マイルストーンがあれば
とりあえず平気

つまり
サナギ
です！

10月 30日　　曜日

FAXを送るためだけに会社に行く

いまFAXがいちばん難しい通信手段である。
儀式めいている。

ヴィ〜〜〜

おじさんはスマホをスワイプする指の動きが

大きい。

スマホからはみ出すぐらいの勢いで
指をシュッシュしている

月　　　日　　　曜日

手土産OK・NGリスト

できる社会人は打ち合わせに行くときに手土産を持っていきます。
(手土産の領収書の立替精算を忘れずに)。
でも、手土産もむやみに持っていけばいいというものではありません。OKとNGの境界をまとめました。

O
K
ゾ
ー
ン

● 個包装のお菓子（ヨックモック、ウエスト）
● シャインマスカット
→ 手を汚さず、個包装のお菓子のような果物

微
妙
な
ゾ
ー
ン

(NGだが、相手との関係性、シチュエーションによってはありのゾーン)
● あんこを詰めるモナカ
→ 「面倒だと思うんですけど！(笑)」と言える関係ならばOK
● マカロン
→ 要冷蔵・先方に冷蔵庫があれば

N
G
ゾ
ー
ン

● ホールケーキ・ロールケーキ
→ 切らないといけない。会社にナイフと皿はないため、コンビニでもらった割り箸で食べることになる
● バナナ
→ シャインマスカットと同じ個包装のフルーツだが、やっぱり猿っぽさがある
● 缶ビール
→ 取引先は友だちの家ではない

よろしかったら
みなさんでどうぞ！

11 月

November

11 月　　1 日　　　　曜日

源泉税を引いてぴったりの支払額にするつもりが

計算間違えて半端な額を払う

かつては22,222円を払えば
振込額が20,000円ぴったりになったが、
源泉税以外もあると難しい

11 月　　2 日　　　　曜日

デスクに100均の棚を置かない。

家になる。

便利なのだが、
プラスチックの質感が
家っぽさを醸し出す

なんでも四象限分析の表に入れる

入れるだけでそれっぽくなる。
縦軸は「おいしさ」や「せつなさ」でいい

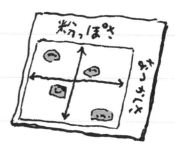

会社の個人ロッカーはまるでその人の家

ロッカーを開けると
書類が雪崩を起こす人も

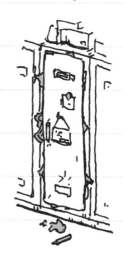

11 月 5 日 曜日

おしゃれな会社にビリヤード台があるが

やってる人はいない。

そのうち撤去されて
打ち合わせスペースになる

11 月 6 日 曜日

パレートの法則じゃないけれど、と知ってる

前提で言ってみる。知らなくても。

質問されたら
「それはKさんが詳しい」
と人に振る

11 月 　7 日 　　　曜日

会社のフロアの電気のつけ方、エアコンの操作

方法を知っていると尊敬される

電気を点けるつもりが、
うっかり消してしまう

11 月 　8 日 　　　曜日

よその会社でPC用の電源を借りてもいいが、

スマホの充電はしない

帰ったあとに
「充電してたね」と
言われている

会議で5分休憩を提案する。

自分がトイレに行きたいときに。

会議は1時間に1回は
休憩を入れたほうが
効率があがる、
とかなんとか言って

いらすとやを使うと ありがちな資料に見える。

全部同じに見える

平穏。

背中ごしにコーヒーをほほにあててくる上司は

いない。

ドラマだと会社終わってから
同僚が集まる店があるが、
それもない

妖怪?!

5Cとかろ5Sとかにまとめたいので、ひとつぐらい

強引なのが入ってる

Cでまとめたいために
カレンダーを
入れてる人がいた

Customer
Culture
CO_2

11 月 13 日　　　　曜日

弁当でカレーを食べない。

フロアじゅうが
カレーの匂いになる

あの、いつも
カレーのにおいの…

あ、6階
ですね.

11 月 14 日　　　　曜日

ビジネスカジュアルは カジュアルじゃない。

パーカーを
着ていってはいけない

カジュアル警察

11 月 15 日　　　曜日

著作権のうちあわせで著作者人格権を持ち出すと

分かってる感が出るが、噛む

著作権に詳しい雰囲気が
台なしになる

ああ、それは

ちょしゃくちゃ
じんかっけん…

11 月 16 日　　　曜日

社史編纂室は、ない

まんがで閑職の
部署として有名だが、
実在しない

いっしょに
さがしにいこーぜ!!

137

11月 17日　　　曜日

セミナー後、誰も質問しないと盛りあがらないので

「質問がない人は手を挙げて下さい」と言ってみる

ってことはみんな質問があるんですね、
と言って和ます。
実際に質問を振ると嫌われる。

私の司会が
つまんなかった人は
手を
あげてください。

11月 18日　　　曜日

杖をついている和服の会長はいないし、掃除夫に

なりすましている社長もいない。

外車のキーを
くるくる回してる
社長の息子もいない

組長の息子の
新入社員もいない

11月 19日　　　曜日

用語：ピボット　路線変更。喫茶店がいつのまにか

飲み屋になるようなもの。

飽きっぽいことも
カタカナで言えて便利

株式会社ピボット
代表取締役

11月 20日　　　曜日

人の席の箱ティッシュを勝手に使って最後の1枚だと

気まずい

下のコンビニまで買いに行こう

もしくは別の箱から
1枚移植

愚痴は facebook に書いて自分だけ公開

悪口をSNSに書くと自分が
「人の悪口を言う人」
と思われてしまう

コアバリュー・パーパスは 魂にすると迫力が出る

メール、チャットの返事に「押忍」もいける。
「夜露死苦」はやり過ぎ

11 月 23 日　　　曜日

飲み会に行けたら行くの人はこない

行けたら行く人が来たことは
有史以来ない

経費に
できたらします。

11 月 24 日　　　曜日

会議中、「いったん検索はやめて考えよう」と

提案する

人のアイディアを検索して
「他社がすでにやってます」
という人を黙らせる

ハイ！みんな
目をとじて！

11 月 25 日　　曜日

引っ越し大臣、エクセルマスターなど、豪華な肩書は

損な役回り

嫌な仕事を押し付けてる負い目が
過剰な肩書を作っている

幹事マイスター

11 月 26 日　　曜日

役員用の会議室、おもしろいけど話しにくい。

フカフカのソファを楽しんでいるだけで
2分すぎる

避難訓練は全力で楽しむ

全力で「火事だあ!」と叫ぶ

「にぎわいの創出」が会議に登場したら

逃げる準備

やばいプロジェクト頻出のワード

11 月 29 日　　　曜日

聞いて回るのはヒアリング、フィジビリティ調査と呼ぶ。

雑談はブレスト

ダラダラしていることを表す
ビジネス用語

メディテーション
（瞑想）

11 月 30 日　　　曜日

午前のオフィスでスポーツドリンクを飲んでる人は

だいたい二日酔い。

個人の感想です。
でもわりと当たっている

もしくは
カゼ

12 月

December

12月 1日 曜日

主語を大きくするなら、哺乳類ってさあ

ぐらい大きく

バイト募集、
哺乳類ならOKと書いた店長が
オーナーに叱られていた

つきましては

両生類も視野に
入れつつ.

12月 2日 曜日

催促したときは、催促したみたいですいません

と書く

催促してるんですけどね♡
と文末でフォロー。
どこまでも慇懃に

…こちらこそ

言い訳みたいで
すいません♡

12月　3日　　　曜日

辞書を開きながら、電卓をたたきながら

パソコンを見ていると、何か調べているように見える

パソコンも計算機なのに
電卓を添えると
もっともらしくなる

カレンダーも
指さしながら

12月　4日　　　曜日

壁全面をホワイトボードにすると、そうじゃない

壁に書く人がいる

強引に消そうとして
滲んで汚くなっている

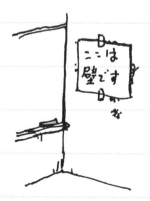

ここは
壁です

12月　5日　　　曜日

どうしても断りたい仕事は「その日、雨漏りの工事が

来るんです」で

「その日は母を病院に連れて行くので」
「あ、裁判所の日だ」でもOK

罪を清める
儀式の日で…

12月　6日　　　曜日

相づちの代わりに「天才!」と言ってみる。悪い気

にはならない

「天然!」だと悪口

「この天才野郎!」
「いい加減にしろこの天才!」
など妙なテンションになる

12月 7日 曜日

4枚の資料は縮小してA3 1枚にまとめると

なんかかっこいい

なんかかっこいい、は
学校じゃなくて会社でも有効

12月 8日 曜日

数字が未達の場合の報告は、利用者の声など

定性的なものを多くする

「便利に使ってます」など
n=1だけど
印象が良い

私は、好きです。

12月　9日　　　曜日

出張先のビジネスホテルでコンセント足りなく

なるので延長コード持っていくといいよ

ユニットバスの入り口脇のコンセントで
携帯を充電して踏んづける

12月　10日　　　曜日

社外秘より関係者秘のほうが

秘密度が高い

我々秘だ。

取扱い注意というのもあるが、
放り投げてはいけない
という意味ではない。

12月 11日　　　曜日

ヘッドセットでミーティング出てるふりして

音楽を聴く

会社でヘッドホンをするのは
勇気が要るが、
ヘッドセットだと平気

12月 12日　　　曜日

ボーナスが出るとたくさん人がやめる

退職ラッシュでお菓子を配る人が続出、
おやつに困らなくなる

無理したくないときは、エコシステム、サスティナブル

と言っていこう

続けられる気がしません
＝サスティナブルな
仕組みを用意する
必要がある

・・・ええ、
サスティナブルの
ためです。

役員合宿で若くして役員になったホープが

使いぱしりにされていた

会議後のデザートを
買いに行かされていた

12月 15日　　曜日

社長のブログはたどたどしいもの

句読点が多くて
怪文書のようになっている

饒舌すぎるよりは
よっぽど好感が
もてる

12月 16日　　曜日

「本来であれば直接お伺いして」を文字通り

来たらびっくりする

「行き違いになっている場合は
ご容赦ください」
と同じ定型句

12月 17日　　　曜日

内線の転送を間違って切る

新人の通過儀礼。
ベテランでもたまにやる

12月 18日　　　曜日

社内報の自己紹介ははりきりすぎない

仮装や宴会で
はしゃいだ写真を見ると
心が痛む

「愛犬と」くらいが
ちょうどいい

12月 19日　　　曜日

ミスは個人のせいではないといいながら

会議で共有される屈辱

そんな会議、
どんな顔して出ればいいんだろう

12月 20日　　　曜日

ビルの窓は勝手にあけると警備員が来る

窓がある

勝手に開けてはいけない
扉もある

ビルの正面から台車で入ろうとすると止められる

地下の「荷捌き」という
ファイトクラブ入リロ
のようなところから入れる

説教部屋と呼ばれている秘密の小部屋がある

実際に説教などはせず、
訂正シールを貼ったりしている

12月 23日　　　　曜日

知らないスーツの人たちがずっと社内にいたら

税務調査

会議室を1週間ぐらい
占拠して書類を見ている

12月 24日　　　　曜日

PCからのメールにも「iPhoneから送信」と書いて

忙しさアピール

「移動中なので後で
確認してお返事します」
とデスクから送る

アダ名が
「iPhone」に
なりました

12月 25日　　　曜日

人材を「人財」、仕事を「志事」と言い始めたら

すぐ逃げる

社長が書いた本を
買わされるまでもう少し

12月 26日　　　曜日

年末、あらゆる仕事を「それは来年」と先延ばし

するが、来年もやんない

年が明けるとそれらの仕事を
きれいに忘れている

忘年会はあきらめて新年会にする

年明けは急に暇になるので
新年会が嬉しい

シナジー創出。他部署の人と磯丸水産に
行くこと

シナジーは
会社員につきまとう
呪いの言葉

あ.但し書きは
「シナジー創出費として」で。

12月　29日　　　曜日

「近くまで来たものですから」は「たらちねの」

ぐらいの枕詞

強い営業マンはそう言って
倉庫でも
森の奥にもやってくる

12月　30日　　　曜日

年内にやっておきますと言った仕事を今日送って

ギリギリセーフ（アウト）

年末、誰からの催促もないので
仕事がはかどる

....送...信...

12月 31日　　　曜日

休みのあいだに家でやろうとした仕事が

かばんから出てくる

これをどうしようとしたのかすら
思い出せない

…?

月　　　日　　　曜日

催促するときに使えるフレーズ

仕事は催促されるより催促するほうが辛いもの。毎回「いかがでしょうか」にならないようにフレーズを用意しました。

・ふと思い出したんですが、もうあれって送ってもらってましたっけ?

・スタッフを待機させてお待ちしております。すいません催促してるみたいで。(してるけど!)

・届いたかどうか上司が私に5分おきに聞いてきます。私はそんなに気にしてないのですが、どうでしょう?

・関係部署に都合をつけて、あしたの朝までで大丈夫にしました。なのであす朝厳守で!

・SNSに投稿されているのを拝見するともう出来てるのかな!と嬉しくなって連絡させていただきました

・私の環境のせいかもしれませんが、どうも届いていないようです。

・法務が遅延に目をつけていまして、私から説明はしておきましたが早めにご対処いただけると助かります

・子どもの誕生日会を欠席すればいいだけなんですが、送ってもらえると助かります

・けさ、夢のなかにまで貴方がでてきました。

タノム…

1月

January

正月のテンションで仕事の決意をSNSに

書かないようにしよう

書いても仕事始めまでに
テンションが下がる

親戚のおじさんは何度仕事を説明しても

おぼえてくれない

相手も覚える気がないので
適当に答えて良い

アレ、仕事してんだっけ?

1月いっぱいは正月気分を忘れないように

しよう

1月10日ぐらいまで店を閉めてる
個人商店に勇気をもらう

IDカードを忘れて執務スペースに入れずに

廊下で佇んでいる人は休み明けの風物詩

心機一転、カバンを変えて
IDカードを入れ忘れる

仕事でメモまとめておいてと頼まれて、

本当に小さいメモだとおこられる

大人はA4に書いたものでも
メモと呼ぶ

スタンディングデスク、いすがわりのバルーンなど

流行はビジネスにもあるが、続かない

後から思えばどうかしている

スタンディング
バルーン

会社でなめ猫のペンケースを使わない

あだ名が「なめ猫」になるよ

なめ猫の佐藤と
ハンギョドンの佐藤が
おりますが。

見切り発車は「走りながら考える」

「アジャイル」と言う

実際に走ると考えられない

1 月 9 日 　　　曜日

階段室でサボっていると役職者が健康のため
階段をあがってくる

いちゃいちゃしていると気まずい。
役職者も気まずい

1 月 10 日 　　　曜日

頼まれてもないのに新成人へのメッセージを
SNSに書かない

あの熱い気持ちを
発電とかに使えないだろうか

1 月　11 日　　　　曜日

上司に5分いいかな？と呼ばれても

5分で終わらない

たいてい30分以上かかる。
上司はウラシマ効果で5分に感じる

1 月　12 日　　　　曜日

少しでも新しいところがあったら イノベーティブと

言っておこう

会議室を変えるのも、
窓を開けるのもイノベーティブ

お.

髪型 イノベーティブ？

ホワイトボードは中心にキーワードを書いて

周囲に向かって書いていく

中心には「バリュー」とか
抽象的なことにする。
おにぎり、ではない。

健康診断で同僚と検査着で会うと照れる

どんなエリートでもほっこりしてしまう服、
それが検査着

1月　15日　　　　曜日

プレゼンでは笑っている人だけを見る

むっとしている人を見ると心が折れる

1月　16日　　　　曜日

仕事を断るときは上司、予算、系列のせいにする

私が社長なら
即OKなんですが、
と言っておく

御社の位置が
弊社の鬼の門でして…

1 月　17 日　　　　曜日

議題ではなく、アジェンダ、イシューと言っておく

使用例)
今日の町内会のアジェンダは
盆踊りについて、
イシューは
盛り上げる方法です。

異臭?

イシュー。

1 月　18 日　　　　曜日

見える化 → グラフにすること

数字だって
見えてるんですけどね

見えない化 → かくれんぼ

1 月　19 日　　　曜日

歩きながら会議をすると新鮮だけど

議事録をとり忘れる

話したことが記録に残らず、
ただの楽しい時間になる

踊りながらも同様

1 月　20 日　　　曜日

最終退出の仕方はマスターしておこう

終電間際に会社のドアの
締め方が分からずに
終電を逃す

シャッター
よし！

173

1 月　21 日　　　　曜日

儲かってますか？は挨拶なので真剣に考えなくて

よい。「ボチボチです」でok

損益計算書を確認せずに
適当に答えて良い

アンタのトコ
よりはナ.

1 月　22 日　　　　曜日

上司の言うことは「わかりました！」と答えて、

やらない

しばらく怒られるけど、
いつの日か諦められる

結果より返事

本の著者に会うときは、著書にふせんを貼っていく

すごく読み込んだ感を出しておく

ソレ、
ボクの本じゃ
ないネ。

封筒、紙袋を自分用にストックしておく

総務にもらいに行くのが
意外に面倒くさい

バンソーコー
もネ。

1 月　25 日　　　曜日

企画案を求められたら、とりあえず空中ブランコ

でもしますか!と言う

まずは遠くに玉を投げてから
徐々に現実的なところに持っていく

…フツーの
ブランコに
しましょうか。

1 月　26 日　　　曜日

会議卓のまんなかの穴をパコパコ

開けたりとじたりしない

電源タップが入っているところ、
開けたくなる

過去にすごく忙しかったとしても、なぜ忙しかった

のか思い出せない

SNSの過去の発言が忙しくて
やさぐれているのが恥ずかしい

打ちあわせの人数を合わせるのは 意外に大事

6対1とかにならないように

合コンと同じ。
受注側がたくさんいるのは恥ずかしいし、
発注側がたくさんいるのも怖い

スマホを見てると遊んでいるようだが、2台以上

あると動作確認しているように見える

ただし6台とかになると
怪しいビジネスのようになる

ありがとうございましたのバリエーションを

持っているとメールの返信で便利

「感謝します」「助かります」など、
慣れてきたら「ダンケシェーン」など
織り交ぜて

件名：かたじけない

To:・・・

会議室がガラス張りだからといってジロジロ
見ない

謎のメカを持ってきてる
打ち合わせがあっても
ぐっと我慢

① 年　月　日

関係者各位

② 　部署名
自分の名前

③　　　　　　の事案についての顛末及び再発防止策

先般、④　　　　　　の事案が発生し、関係者のみなさまには大変ご心配とご迷惑をおかけしたことをお詫びいたします。

下記の通り顛末と再発防止策をまとめましたのでご報告いたします。

記

1.経緯：

　　今回の事案の経緯は以下の通りです。

⑤

2.調査と原因について：

　本件について　⑥　　　　　　　　　　、原因としては

　⑦　　　　　　　　　　が考えられます。

　この結果を　⑧　　　　　　　今後は　⑨

　などの対策を図ります。

　並行して、　⑩　　　　　　　　　　も進めます。

　その際は、　⑪

　も行うことを検討いたします。

　今回の事案を　⑫

以上

再発防止策の書き方

再発防止策は以下の順番で書きましょう。

①日付

②部署名・自分の名前

③④タイトル
〇〇における納品遅延、不良品の発生など、ここは素直に

⑤起きたことの説明)「今回の事案の経緯は以下の通りです。」
　ここは起きたことだけを淡々と書こう。事案ではなく事故に
　すると偶発性の雰囲気が出て責任を逃れられます。

⑥書き出し)「本件について〜」
　「関係者へのヒアリングを行った結果」
　「該当期間の記録を精査しましたところ」
　「事実関係を整理しました」

⑦ふわっとした原因の特定)「原因としては〜が考えられます。」
　「誤った認識に基づく判断」
　「担当部署でのコミュニケーション不足・人的リソースの
　欠如があり」
　「スキルが属人的になっていたこと」

⑧わかったことをみんなに伝えます)「この結果を〜」
　「関係者に周知し」「情報共有を行い」
　「共有するためのミーティングを行い」

⑨すぐできる対策）「今後は〜などの対策を図ります。」
　「細心の注意をはらう」「上長の判断を仰ぐ」
　「継続的な注意喚起」

⑩時間がかかる対策もします）「並行して〜も進めます」
　「多重のチェック体制の確立」「業務フローの見直し」
　「ドキュメントの整備」

⑪さらに頑張っちゃうんだから）「その際は〜も行うことを
　検討いたします」
　「外部の専門家を招いた勉強会・講習会を開催」
　「ドキュメントを浸透させるためのeラーニングを実施」
　「品質管理部署との連携も視野に入れ、議論の場を
　設ける」

⑫締め）「今回の事案を〜」
　「組織の問題として業務に望む所存です。」
　「フェイルセーフの考えにもとづき、改善を行ってまいります。」
　「真摯に受け止め、組織の風土改革をすすめます。」

1573 年 1 月13日

関係者各位

丹後の國　漁業組合
林　雄司

浦島太郎氏の 急激な老化 の事案についての顛末及び再発防止策

先般、浦島太郎氏の 急激な老化 の事案が発生し、関係者のみなさまには大変ご心配とご迷惑をおかけしたことをお詫びいたします。

下記の通り顛末と再発防止策をまとめましたのでご報告いたします。

記

1.経緯：

今回の事案の経緯は以下の通りです。

浦島太郎氏が「龍宮城」と呼ばれる施設を訪問。帰宅時に手荷物（該当の施設では「玉手箱」と呼称）を受け取る。またその際、「決して開けないように」との注意事項は口述で伝えられる。自宅近所まで戻った浦島太郎氏は荷物を開封。本人の老化が確認された。

2.調査と原因について：

本件について 関係者へのヒアリングを行った結果 、原因としては 誤った認識に基づく判断（「開けないように」の指示の失念） が考えられます。

この結果を 情報共有を行い、 今後は 上長の判断を仰ぐ などの対策を図ります。

並行して、 ドキュメントの整備 も進めます。

その際は、 外部の専門家を招いた勉強会・講習会 も行うことを検討いたします。

今回の事案を 真摯に受け止め、組織の風土改革をすすめます。

以上

2月

February

2月　1日　　　　曜日

リモートのミーティングで、資料の共有が終わって

顔が大映しになったときの照れくささ

資料をよく見ようと
モニターに顔を近づけたタイミングで
共有がオフになって
自分のでかい顔がどーんと出る

2月　2日　　　　曜日

直前まで人がいた会議室のもわっとした空気

慣れると前に誰がいたかが
匂いでわかるようになる

コピー機に靴をのせてコピーをとると面白い

毎晩靴をコピーして、
その結果を「靴」という
フォルダにとじていた

アノ…資料で…

コーヒーの自動販売機で紙コップが出てこない

トラブルの前では新人も社長も平等

コップがないところに
ジョワーと
コーヒーが出る無力さ

2月　5日　　　　曜日

会社で徹夜して寝るときは、足が伸ばせる姿勢で

足が伸ばせないと
身体がガギガギに凝って
寝たのに体力0の状態で目が覚める

プチプチ

←ダンボール

2月　6日　　　　曜日

社内懇親会で飲みすぎない。飲みすぎると
誰と懇親したか憶えていない

知らない人から
「昨日はありがとうございました」
というメールが来る

締めきりに遅れたときは 日本時間 とは思わなかったので、と言う

ハワイ時間だと思ってましたよ〜
と言えば19時間稼げる

あ〜〜

旧暦だと思って
ました〜〜

メール添付を忘れたことにして時間を稼ぐ

最近のGmailは文中に
添付の文字があって
添付がないと
警告が出るが、無視

待て!
まだ早い!

会議中、話に夢中になっている人を止めるには、手を挙げて質問する

会議でずっとしゃべってる人を
黙るのに有効

ライターの
井上マサキさんに
教えてもらいました

売りかけ・買いかけは、食べかけみたいな意味ではない

売掛金は食べかけよりも
もっと大事で面倒な存在

売掛…
え〜…と?

忘れかけ

データは積み重ねグラフにすると、たいてい

右肩上がりになる

ただしマイナス成長がやってくると
この限りではない

もしくは グラフをナナメにはる

会社を地名で呼ぶと事情通っぽくなる

親会社、中央官庁など
従わなくてはならない存在を
そう呼びがち

とうとう
「蒲田」が
動いたか...

2月 13日　　曜日

プレゼンは 知りあいの お調子者の マネで やる

こんなこと 言ったら ばかみたいだな、
というセリフも ポンポン言える

すべったら
そいつのせい

2月 14日　　曜日

会社の セキュリティが 厳しくて 来客の トイレに つきあう

ことに

IDカードが ないと
ドアが 開けられない
ためとはいえ、
腑に 落ちない

ここで 待って
ますんで！

2月 15日　　　曜日

上司の家が遠くても、そこ海水浴で行きました

とか言わない

「海鮮丼食べました!」
とか言わない。

毎日が
リゾート
ですねー

2月 16日　　　曜日

精算の書類にレシートを目一杯貼ると座布団

のようになる

電子帳簿保存法によって
徐々に失われつつあるスキル

今月も
フワッフワです!

2月 17日　　曜日

フロッピーディスクを見て、懐かしーと言うと古株

ベテラン社員の引き出しから
フロッピーが出てきて
定期的に盛り上がる

人呼んで
「フロッピー部長」。

理由：容量が小さいから

2月 18日　　曜日

人事考課で未達は達成できたこととセットで

書く

できませんでした〜ではなく、
「〜は未達だが〜は達成」と
惜しかった雰囲気を出す

気持ち的には
達成してマス！

2月 19日　　　曜日

どのビデオ会議を採用しているかで、会社の雰囲気

が分かる

Teamsは大手、MeetはIT系、
Zoomは楽しい会社が使いがち

あなた…

… Teamsですね。

2月 20日　　　曜日

宴会に出ないことで出世が遅くなることはない。

むしろ険悪になることも

上司に余計なことを言う、
上司の行動に幻滅するなど
マイナスが多い

判断できないことが出てきたら、細かい情報を
集める。その間に忘れる。

情報を集めているあいだに
問題を忘れる

···· ココは···ドコ?

··· オレは···

やっかいな会議はコントだと思って臨む

会議室に入る前に
「コント·会議」と言うと
ぐっと楽しくなる

イヤ やらんのかーい!!

同僚のSNSへのいいねは見てますよ〜、ぐらいの

意味

いいねと思ってなくても
無表情で押しておく

(アンタは悩みがなくて) いいね!

オフィス内の引っ越しで1年前の請求書が出てくる

たぶんなんとかなっているはず
なので捨てる

アラララ〜

2月　25日　　　　曜日

セミナー・展示会は金曜日の午後に入れて

直帰する

行かないで
直帰するという猛者も

みんなどこに…

…全員セミナー?

2月　26日　　　　曜日

だめなことは「伸びしろがある」と言う。「伸びしろ

しかない」は悪口。

「去年だったらいけたんだけどね」
「アメリカで災けそう」
というのも遠回しなNG

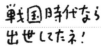

戦国時代なら
出世してたネ!

2月 27日　　　曜日

MTG、FYIなど3文字で略す。本部長代理はHBD

事業部長がJBと
ジェームス・ブラウンのような略称で
呼ばれていた

YKK
有給休暇

2月 28日　　　曜日

立って会議しようと提案する。

会議のスタイルを変える提案は
前向きに考えているように見える

やっぱり
座りましょう！

←疲れた

上司の仕事を100%断れる言い訳集

「その日は檀家の寄り合いがありまして」
古い社会の掟を感じる。断れない。

「成田に迎えにいくので」
きっと日本に不慣れなゲストが来るのだ。
ボードを持って立たなくては

「その日、最終オーディションがありまして」
そんな活動もしているの?という驚きとともに
応援してくれるはず

「子供に会える日でして」
それ以上事情を聞けないし、
そっちの予定をリスケできない?と言える人もいない。

「実家の犬を病院に連れて行かないと」
その犬は私が連れて行かないと噛むという設定にしよう

「あ、裁判所の日だ」
理由を聞かれても「話さないように言われてます」で済む。

3月

March

3月　1日　　　曜日

会社のコピー機は深夜残業している時に限って

詰まる

ハリセンみたいに
くしゃくしゃになった
紙が出てくる

テメェ…
ふざけなぁ…

3月　2日　　　曜日

社食食べに来てくださいと言われても、昼めしは

ひとりで好きなものを食べたい

おしゃれな社食がある会社の人が
誘ってくれるが、
正直めんどくさい

No!

コンビニでカラーコピーをとるとその値段に

びびる

10枚とると500円。
会社行っておけばよかったと思う。

もう小銭が無ェ…

ここだけの話はすぐに漏れる

即漏れるし、
いちばん知られたくない人の耳に入る。

ここ
地球だけの話

3月 5日 曜日

用語: グロースハック 意味: がんばる、工夫する

仕事なのでたいてい工夫するが、
それをグロースハックと
名付けた人が天才

グロースハック・ビギナー

3月 6日 曜日

会議中、SNSを見てもいいけど、いいねは

しないでおこう

会議中に
遊んでいたのがばれる

…このいいねは
私じゃありません…

ホウ？

204

3月 7日 曜日

10年後どころか、来年なくなっている仕事が ある

訂正シール貼りとか

仕事はなくなっても

ボクはなくならないゾ！

3月 8日 曜日

会議室の壁は薄いので、秘密の話も

丸聞こえ

会社の会議室の壁は
驚くほど薄い

いつになったら
奥さんと別れるの?!

お断りしますではなく、辞退させていただきますと

言っておこう

ノベルティをあげるときも
「お使いください」と
お願いの態度で

マジ 辞退ッス!!

要返却の資料が出てきたら、そっと元に戻す

催促してこないということは
必要ないということなのだ

古株にバブルの話を聞くと場が持つ

ほとんど伝説のようになっているが、
驚く相槌だけで20分はもつ

※イメージ

誰が悪いという話ではなく、という場合は
誰かが悪い

プロジェクトがコケた時の会議で
よく聞くフレーズ

3月 13日 　　　曜日

リモートでしか会ったことがない人とリアルで

会うとその大きさに驚く

人は顔つきで
大きさを想像している

3月 14日 　　　曜日

宅配便の人と仲良くなっておくと便利

印字済の伝票を持ってきてくれたり、
集荷の時間を調整してくれる

3月 15日　　　曜日

「おれがもうひとりいたらいいのになー」と、ひとり

でも十分な人が言う

その場にいた全員が
「ひとりで十分だよ！」と
思っている

3月 16日　　　曜日

電話にずっと出ないでいると「あの人は電話に

出ない」とタグ付けされる

「あのひとは仕方ない」
までがんばれ

「この人は
片付けられない」

3月 17日　　　曜日

会議で、頭悪いんでもういちど教えて下さい

と言う人は自分のことを頭悪いと思ってない

こんなにたちの
悪いものの聞き方はない。
やめよう。

私も頭悪いんで
2回も言えません。

3月 18日　　　曜日

率先して自ら動く上司は、いつのまにか便利屋に

部下がそれを見て動くことはなく、
上司に任せるようになる

上司なっと
きてー

ハーイ

3月　19日　　　　曜日

打ちあわせを終わらせたいときは ノートパソコンを

閉じる

メモを取る気ゼロの意思表示

3月　20日　　　　曜日

「仲良しクラブじゃないんだから」と嫌味を言う人が

いるが、何その楽しそうなクラブ

入りたい

あ、20時から
6人予約で。ハイ.
「仲良しクラブ」で。

3月　21日　　　曜日

「誰がボール持ってるんだっけ」は遊びの話では

ない

誰が仕事止めてるんだっけ？という意味。
昼休みにドッジボールをやるわけではない。

3月　22日　　　曜日

同じ会社内で競合してしまうことをカニばると

呼ぶ。猟奇的なビジネス用語

わりと使われている言葉だが、
よく考えると恐ろしい

ウチのカニバリ案件、
すべてアイツが
関わっています…

3月　23日　　　　曜日

ヒザがこすれるぐらいぴったりくっついて引き継ぎ

することをランバダと呼んでる人がいた

おかしな名前なのに、
理由がきちんとしている

…つまりそれは

セクハラですか?

3月　24日　　　　曜日

それは戦術であって戦略ではないのかも、

なんて会議で言ってみる

当然意味はわかっていない

それは感想であって
分析ではないですね.

3月 25日 　　曜日

あえて鉛筆でメモを取ってみる

特に意味はない

誰も寄ってこなくて
ベンリ。

3月 26日 　　曜日

2分で行きます、と中途半端な時間を言うと
細かい人のように見える

実際に2分で
行かなくても良い

37分ください

2秒で来い。

3 月 27 日　　　曜日

軟着陸、撤退戦、空中分解など、うまく行か

ないときは漢字多め

「栄誉ある撤退」と
自分で言ってる人もいた。
ロマンでごまかせ

玉砕覚悟の
延命処置だ!!

3 月 28 日　　　曜日

私のクビをかけます、と言っても会社はそうそう

クビにできない

だから気軽に言っていこう

「辞職」ってコト?

イヤ…
ソノ…

3月 29日　　曜日

パソコンを自宅に忘れても、なんとかなる

カバンも要らないことが判明

キミもいなくても
なんとかなるネ。

マタマタ〜

3月 30日　　曜日

プレゼンでパソコンが動かなくなったときこそ

雑談スキルの見せどころ

プレゼン中、
チャットツールの通知が入っても
気にしない

え——.

「泣く子とアップデートには
勝てない」なんてことを
申しますが...

年度末は社会人にとっての大晦日

年度内に
間に合わなかった仕事よ
さようなら！

「ゆく年くる年」か…

　　　　月　　　　日　　　　曜日

おわりに

「はじめに」で会社員と書きましたが、この本を作っている途中で、会社員ではなくなってしまいました！
こんなことばかり実践していたからかもしれません。いや、でも超円満退社だったのでこの本に書いてある知識は役に立ったはず。

それにです。会社員ではなくても、この本に書いてあることはあらゆるシーンで使えます

おとといも若い美容師との会話の糸口を探るために好きな味噌汁の具を聞いたら盛り上がりました。人間のふりをして地球にやってきている宇宙人のみなさんにもおすすめです。美容院から地球侵略まで幅広く役立ててください。

さて、編集の藤澤さん、装丁の川名さん、そしてイラストのヨシタケさん。こんなドリームチームでおかしな本が作れたのは誇りです。そして僕を30年ものあいだ見守ってくれた上司と同僚にも感謝してます。大変ご迷惑をおかけしました。

これを読んで、働くことへの緊張感がちょっとでもなくなることを祈ってます。

この世はでっかい 株式会社！

便利なメモ欄

・最終退出の仕方

・会社の住所・電話番号・振込先情報

・コピー機・シュレッダーが壊れたときの連絡先

・社内経理システムのID・パスワード

・費目・コード一覧表

・隠語リスト

・何人でもいつでも入れるお店

・怒られないで聞ける人

・内線の転送方法

著者紹介

林雄司

自称ビジネスマン。1993年から30年、会社員生活を送る。これまでの担当業務はオンラインデータベースの法人営業、ネットショップ運営、ウェブメディアの編集など。
会社員生活の一番の思い出は山奥の研修施設に行く道を間違えてしまい、山道を歩いていたら野犬の声が聞こえたこと。
2024年、デイリーポータルZ株式会社を設立して独立。
定年がなくなったので生涯ビジネスマンを自称していくことにした。

ヨシタケシンスケ

絵本作家・イラストレーター。著書多数。半年間だけ会社員経験あり。
期間は短かったが、そこで人として大事なことをたくさん学んだ。
会社員生活のストレス発散のために描いていたスケッチのおかげで退社後、イラストレーターになる。
今があるのは会社員時代のおかげなので、会社には感謝している。

1日1つ、読んでおけばちょっと安心！

ビジネスマン超入門365

発行　2024年4月6日第1版第1刷

文　　　林雄司
絵　　　ヨシタケシンスケ
発行人　森山裕之
発行所　株式会社　太田出版
　　　　〒160-8571
　　　　東京都新宿区愛住町22　第3山田ビル4階
　　　　電話　03-3359-6262
　　　　Fax　03-3359-0040
　　　　HP　https://www.ohtabooks.com

印刷・製本　株式会社シナノパブリッシングプレス

ISBN978-4-7783-1916-8　C0030

装丁　　川名潤

編集　　藤澤千春